악필 교정과 고득점 답안 작성 훈련하기

30일 완성 고시체 글씨 연습

현익미디어 수험연구소 지음

각종 자격 시험 합격자들의 필체 추적!
합격 답안과 가장 유사한 글씨체로 연습한다!

 단 30일, 글씨 교정 완벽 플랜

 가독성과 속도, 두 마리 토끼 잡는 실전 트레이닝!

 줄 간격, 자음·모음 법률용어 맞춤 훈련 초단기 악필 탈출

현익미디어

30일 완성 고시체 훈련

DAY 1	DAY 2	DAY 3	DAY 4	DAY 5
1부 기초 연습 11~20p ☐	1부 기초 연습 21~30p ☐	1부 기초 연습 31~40p ☐	1부 기초 연습 41~50p ☐	1부 기초 연습 51~60p ☐
DAY 6	**DAY 7**	**DAY 8**	**DAY 9**	**DAY 10**
1부 기초 연습 61~66p ☐	1부 기초 연습 67~71p ☐	1부 기초 연습 72~77p ☐	1부 기초 연습 78~83p ☐	1부 기초 연습 84~89p ☐
DAY 11	**DAY 12**	**DAY 13**	**DAY 14**	**DAY 15**
1부 기초 연습 90~96p ☐	1부 기초 연습 97~103p ☐	1부 기초 연습 104~105p ☐	2부 실전 연습 109~111p ☐	2부 실전 연습 112~114p ☐
DAY 16	**DAY 17**	**DAY 18**	**DAY 19**	**DAY 20**
2부 실전 연습 115~117p ☐	2부 실전 연습 118~120p ☐	2부 실전 연습 121~123p ☐	2부 실전 연습 124~127p ☐	2부 실전 연습 128~131p ☐
DAY 21	**DAY 22**	**DAY 23**	**DAY 24**	**DAY 25**
3부 조문 필사 135~137p ☐	3부 조문 필사 138~139p ☐	3부 조문 필사 140~141p ☐	3부 조문 필사 142~143p ☐	3부 조문 필사 144~145p ☐
DAY 26	**DAY 27**	**DAY 28**	**DAY 29**	**DAY 30**
3부 조문 필사 146~147p ☐	3부 조문 필사 148~149p ☐	3부 조문 필사 150~151p ☐	3부 조문 필사 152~153p ☐	3부 조문 필사 154~155p ☐

초단기 일주일 집중 훈련

DAY 1	DAY 2	DAY 3	DAY 4	DAY 5	DAY 6	DAY 7
1부 기초 연습 11~66p ☐	1부 기초 연습 67~105p ☐	2부 실전 연습 109~120p ☐	2부 실전 연습 121~131p ☐	3부 조문 필사 135~141p ☐	3부 조문 필사 142~148p ☐	3부 조문 필사 149~155p ☐

차례

들어가며   004

1부   기초 연습

- 자음·모음·숫자   011
- 한 글자로 기본기 다지기   015
- 시험에 자주 나오는 두 글자 단어   067
- 시험에 자주 나오는 세 글자 단어   078
- 시험에 자주 나오는 네 글자 단어   090
- 시험에 자주 나오는 표현   104

2부   실전 연습   106

3부   조문 필사   132

부록   156

들어가며

각종 전문 자격 2차시험에서 글씨는 단순한 '형식'이 아니라 답안의 논리와 내용을 채점관에게 온전히 전달하는 '도구'이다. 채점관은 수백에서 수천 장의 답안지를 제한된 시간 안에 읽고 평가하는 사람이기에 잘 읽히는 답안지를 더 긍정적으로 볼 수밖에 없다. 반대로, 아무리 좋은 논리와 내용을 담아도 채점관이 제대로 읽지 못하면 점수로 이어지지 않는다.

명확하고 정돈된 글씨는 채점관에게 "논리적이고 준비가 잘 되어 있다"는 인상을 준다. 반대로 악필은 "답안을 급하게 썼다", "정리가 안 됐다"는 부정적 인상을 남긴다. 많은 합격생이 글씨 교정을 합격의 결정적인 계기로 꼽는 이유다.

답안지 분량은 많고 시간은 한정되어 있기에 빠르게 쓰면서도 읽기 쉬운 필체를 유지하는 것이 중요하다. 악필은 실수를 유발하거나, 답안 수정 시 혼란을 줄 수 있다. 공식적으로 '악필 감점'이 명시되지 않아도, 읽기 힘든 답안은 논리 전달을 어렵게 하여 점수에 좋지 않은 영향을 미친다. 일부 시험에서는 "채점관이 읽을 수 없는 부분은 채점하지 않는다"고 안내하기도 한다. 깔끔하고 알아보기 쉬운 필체로 쓰인 답안은 신뢰성과 논리성, 준비성을 갖췄다는 첫인상을 준다. 답안지에서 글씨는 곧 점수다.

이 책을 활용할 때는 각 장의 글씨를 정확히 따라 쓰며 자신의 글씨와 차이가 나는 부분을 세심히 살펴야 한다. 특히 가독성이 떨어지거나 흐릿한 부분은 의식적으로 점검해 집중 교정에 힘써야 한다. 단순히 따라 쓰기만 하는 게 아니라 교정이 필요한 부분을 인식하고 적극적으로 개선하려는 노력을 이어 가야 실력 향상에 도움이 된다.

꾸준한 글씨 교정 연습은 단지 글씨체만 예쁘게 만드는 것을 넘어, 수험 전반에서의 자신감을 크게 높여 준다. 자신감이 생기면 답안을 작성하는 속도도 자연스레 향상되고, 시험장에서 느끼는 긴장감과 스트레스도 줄어들어 침착하게 논리 전개에 집중할 수 있다. 정돈된 글씨는 자신의 학습 태도와 준비성을 긍정적으로 인식하게 만들어 학습의 선순환을 이끈다.

단기간에 완벽한 글씨를 만들겠다는 조급함 대신 매일 일정 시간을 투자하는 꾸준함으로 글씨체를 차근차근 개선해 보자. 작은 변화라도 꾸준히 쌓이면 어느 순간 큰 차이가 되고, 마침내 고득점 합격이라는 결실로 이어질 것이다.

이 책의 활용 방법

글씨는 사람마다 다르다. 누군가의 필체를 무작정 따라 쓰는 방식은 오히려 비효율적일 수 있다. 시험에서 중요한 건 예쁜 글씨가 아니라 또박또박, 오해 없이 읽히는 글씨다.

이 책은 '누구처럼' 써야 한다고 강요하지 않고, 실제 시험 답안지에서 요구되는 기준에 맞춰 폭, 기울기, 간격, 속도감에 최적화된 연습을 할 수 있도록 설계됐다. 핵심은 '모양'이 아니라 '판독성'과 '효율'이다. 정해진 시간 안에 많은 문장을 써 내려 가야 하는 시험에서는 얼마나 빠르고 정확하게 쓰느냐가 관건이다.

- ☐ 정자체 중심, 흐림 없이 또박또박
- ☐ 실제 줄 간격(12mm)에 맞춘 실전형 연습지
- ☐ 한 획에 쓰는 감각과 속도를 길러 주는 반복 문장 구성

글씨는 교정할 수 있다. 특히 시험이라는 극단적으로 제한된 조건에서는 불필요한 개성을 줄이고 빠르고 읽기 쉬운 글씨로 다듬는 것이 경쟁력이다. 이 책은 '시험에 적합한 글씨'를 반복 훈련할 수 있도록 돕는다. 많이 써 보자. 쓰기만큼 좋은 교정 도구는 없다.

모든 수험생에게 똑같은 글씨체를 강요할 수는 없다. 오히려 자신에게 맞는 글씨의 흐름과 리듬을 찾고, 그 속에서 판독성과 속도를 높이는 것이 더 중요하다. 각자 손의 형태, 습관, 속도가 다르기 때문에 무리하게 다른 사람의 필체를 모방하기보다 자신의 장점을 살리면서도 시험 조건에 맞는 효율적인 글씨체를 만들어 가는 것이 최선의 전략이다.

글씨 교정은 단기간에 이루어지는 것이 아니라 꾸준한 반복과 점진적인 개선을 통해 가능하다. 무리한 완벽함을 추구하기보다 '시험장에서 읽히는 글씨'라는 명확한 목표를 가지고 하루 10분씩 투자해 보자.

내 글씨 점검하기

1. 아래 문장을 실제 시험 답안지 줄 간격에 맞춰 따라 써 보자.

* 이 책에 수록된 글씨 연습은 실제 시험 답안지 줄 간격인 12mm에 맞춰 구성되어 있다. 실전과 동일한 환경에서 연습함으로써, 답안 작성 시 글자 크기나 자간, 행간까지 자연스럽게 익힐 수 있다.

40sec   심신상실의 상태에 있는 자에 대하여는 법원은 제9조에 규정한 자의 청구에 의하여 금치산을 선고하여야 한다.

55sec   불법행위에 관한 관련 법리는 다음과 같다. 대법원은 "고의 또는 과실로 인한 위법한 행위로 타인에게 손해를 가한 자는 그 손해를 배상할 책임이 있다."고 판시하였다.

2. 시험에 알맞은 글씨체 핵심 요건 체크리스트

- ☐ 초성을 충분히 크게 썼다.
- ☐ 글씨가 오른쪽 위로(우상향) 일정하게 기울어져 있다.
- ☐ 글씨가 가로로 넓은(납작한) 직사각형 형태로 정돈되어 있다.
- ☐ 각 글자가 네모 칸(줄 간격)에 꽉 차게 들어가 있다.
- ☐ 자음과 모음의 구분이 명확하다.
- ☐ 줄(라인)에 맞춰 일직선으로 정렬되어 있다.
- ☐ 글씨 크기와 간격이 일정하다.
- ☐ 빠르게 써도 글씨가 뭉개지지 않는다.
- ☐ 띄어쓰기와 구두점이 명확하다.
- ☐ 답안지의 지면을 효율적으로 채운다.

1~3개 시험에 알맞은 글씨체의 기본을 익히는 단계이다. 주요 포인트를 집중적으로 연습하면, 글씨의 가독성과 완성도가 크게 향상될 수 있다.

4~7개 시험에 알맞은 글씨체의 핵심 요소를 어느 정도 갖추고 있다. 부족한 부분을 반복적으로 연습하면, 실전 답안에서도 안정적인 글씨체를 유지할 수 있다.

8~10개 시험에 알맞은 글씨체의 주요 요건을 거의 완벽하게 구현하고 있다. 지금의 글씨체를 꾸준히 유지하길 권장하며, 실제 답안 작성에 자신감을 가져도 좋다!

1부

+ + +

기초 연습

시험 답안의 기본은 명확하고 정돈된 글씨이다. 한글 자음과 모음, 숫자를 바르게 쓰는 것부터 시작해서 글자의 뼈대를 튼튼히 다져야 한다. 시험 답안에 자주 등장하는 법률 용어와 표현들을 한 글자, 두 글자, 세 글자, 네 글자 순으로 연습해 보자.

기초 연습

시험 답안에서 명확하고 정돈된 글씨를 쓰려면 한글의 기본인 자음과 모음, 그리고 숫자를 바르게 쓰는 것부터 시작해야 한다. 자음과 모음은 글자의 뼈대이자, 모든 단어와 문장의 출발점이다.

특히 답안을 작성할 때는 초성(자음)을 또렷하고 크게, 모음은 균형 있게 써서 답안 전체가 명확하게 읽히도록 해야 한다. 또한, 획을 빠르고 힘 있게, 한 번에 그어 명확하고 깔끔한 인상을 주어야 한다. 불필요하게 획을 여러 번 겹치지 않고, 한 번에 힘 있게 써야 실전에서 빠른 속도로 써도 글씨가 흐트러지지 않는다.

숫자 역시 답안에서 매우 중요하다. 조문 번호, 판례 연도, 금액, 수치 등은 답안의 핵심 근거로 자주 등장하는데, 숫자가 흐릿하거나 모양이 헷갈리면 채점관이 오해하거나 중요한 근거가 무시될 수 있다. 특히 1, 7, 9, 0처럼 비슷하게 보일 수 있는 숫자는 구분이 잘 되게 써야 하고, 모든 숫자는 한 번에 정확히, 일정한 크기와 간격으로 쓰는 연습이 필요하다.

이 책에서는 시험에 자주 나오는 법률 관련 단어와 표현들을 선별하여, 한 글자부터 네 글자까지 글자 수에 따라 체계적으로 연습할 수 있게 구성했다. 글씨를 단순히 따라 쓰는 것을 넘어서, 각 단어의 의미와 중요성을 함께 인식하며 반복하는 과정에서 자연스럽게 악필이 교정된다. 또한, 시험 답안 작성에 자주 쓰이는 표현들도 별도로 익힐 필요 없이 함께 연습할 수 있다.

반복적인 쓰기 연습을 통해 글자의 정확한 형태와 간격, 속도 감각을 익히다 보면 점차 시험에 최적화된 깔끔하고 읽기 쉬운 글씨체로 발전할 것이다. 이처럼 단어와 표현을 여러 번 써서 터득하는 방식은 시간 제한이 있는 시험 환경에서 빠르고 정확한 답안 작성 능력을 키우는 데 큰 도움이 될 것이다.

자음·모음·숫자

ㄱ	ㄱ							
ㄲ	ㄲ							
ㄴ	ㄴ							
ㄷ	ㄷ							
ㄸ	ㄸ							
ㄹ	ㄹ							
ㅁ	ㅁ							
ㅂ	ㅂ							
ㅃ	ㅃ							
ㅅ	ㅅ							
ㅆ	ㅆ							
ㅇ	ㅇ							

ㅈ	ㅈ						
ㅉ	ㅉ						
ㅊ	ㅊ						
ㅋ	ㅋ						
ㅌ	ㅌ						
ㅍ	ㅍ						
ㅎ	ㅎ						
ㅏ	ㅏ						
ㅐ	ㅐ						
ㅑ	ㅑ						
ㅒ	ㅒ						
ㅓ	ㅓ						

예	ㅖ							
켜	ㅕ							
켸	ㅖ							
오	ㅗ							
와	ㅘ							
왜	ㅙ							
외	ㅚ							
요	ㅛ							
우	ㅜ							
워	ㅝ							
웨	ㅞ							
위	ㅟ							

ㅠ	ㅠ							
ㅡ	ㅡ							
ㅓ	ㅓ							
ㅣ	ㅣ							
1	1							
2	2							
3	3							
4	4							
5	5							
6	6							
7	7							
8	8							
9	9							

한 글자로 기본기 다지기

각	각							
간	간							
갇	갇							
갈	갈							
감	감							
갑	갑							
값	값							
갓	갓							
격	격							
건	건							
겁	겁							
것	것							

걸	걸							
게	게							
격	격							
견	견							
결	결							
곁	곁							
경	경							
곰	곰							
곱	곱							
곳	곳							
공	공							
과	과							

곶	곶							
꿩	꿩							
국	국							
궂	궂							
긋	긋							
낙	낙							
낚	낚							
날	날							
낡	낡							
남	남							
납	납							
낫	낫							

낭	낭							
낮	낮							
낯	낯							
낳	낳							
내	내							
냇	냇							
냉	냉							
넋	넋							
넌	넌							
널	널							
넓	넓							
넘	넘							

넝	넝							
넷	넷							
녁	녁							
년	년							
념	념							
녕	녕							
녘	녘							
노	노							
녹	녹							
논	논							
놀	놀							
놈	놈							

높	높							
농	농							
뇌	뇌							
누	누							
눅	눅							
눈	눈							
눞	눞							
뉘	뉘							
느	느							
늑	늑							
는	는							
늘	늘							

늙	늙							
늦	늦							
늪	늪							
니	니							
닉	닉							
닌	닌							
닐	닐							
님	님							
닥	닥							
단	단							
닫	닫							
달	달							

닭	닭								
담	담								
답	답								
닷	닷								
당	당								
닿	닿								
대	대								
댁	댁								
댐	댐								
덜	덜								
덤	덤								
덥	덥								

덧	덧							
덩	덩							
덫	덫							
덮	덮							
도	도							
독	독							
돈	돈							
돋	돋							
돌	돌							
돎	돎							
돔	돔							
돗	돗							

동	동								
돼	돼								
되	되								
된	된								
됨	됨								
됩	됩								
둑	둑								
둔	둔								
둘	둘								
둡	둡								
둥	둥								
뒤	뒤								

드	드							
득	득							
든	든							
락	락							
란	란							
랄	랄							
람	람							
랍	랍							
랑	랑							
래	래							
럼	럼							
로	로							

록	록							
론	론							
롭	롭							
롯	롯							
뢰	뢰							
료	료							
류	류							
륜	륜							
릇	릇							
리	리							
릭	릭							
린	린							

릴	릴							
림	림							
립	립							
막	막							
만	만							
많	많							
맏	맏							
말	말							
맑	맑							
맘	맘							
맙	맙							
맛	맛							

망	망							
맞	맞							
맡	맡							
매	매							
맥	맥							
맨	맨							
맬	맬							
맴	맴							
맵	맵							
맹	맹							
먹	먹							
먼	먼							

멀	멀							
멈	멈							
멋	멋							
멍	멍							
멎	멎							
메	메							
며	며							
멸	멸							
명	명							
몇	몇							
모	모							
목	목							

몬	몬							
몰	몰							
몸	몸							
몹	몹							
못	못							
묘	묘							
무	무							
묵	묵							
문	문							
물	물							
물	물							
뭍	뭍							

뭘	뭘							
모	모							
미	미							
믹	믹							
민	민							
믿	믿							
밀	밀							
및	및							
밍	밍							
박	박							
밖	밖							
반	반							

발	발							
밝	밝							
밤	밤							
밥	밥							
방	방							
밭	밭							
배	배							
백	백							
뱀	뱀							
번	번							
벌	벌							
범	범							

법	법							
벗	벗							
벙	벙							
베	베							
벨	벨							
벼	벼							
벽	벽							
변	변							
별	별							
병	병							
보	보							
복	복							

뷰	뷰								
본	본								
볼	볼								
봄	봄								
봐	봐								
뵈	뵈								
부	부								
북	북								
분	분								
불	불								
붓	붓								
붕	붕								

불	불								
비	비								
빅	빅								
빈	빈								
빌	빌								
빗	빗								
빛	빛								
삭	삭								
삯	삯								
삶	삶								
삼	삼								
삽	삽								

삿	삿							
상	상							
새	새							
샛	샛							
생	생							
서	서							
석	석							
섞	섞							
선	선							
섣	섣							
설	설							
섬	섬							

섭	섭							
성	성							
세	세							
센	센							
셀	셀							
셈	셈							
셋	셋							
셔	셔							
셧	셧							
소	소							
속	속							
손	손							

솔	솔								
솜	솜								
솟	솟								
송	송								
솥	솥								
쇠	쇠								
수	수								
숙	숙								
순	순								
숯	숯								
술	술								
숨	숨								

숫	숫							
숭	숭							
숲	숲							
쉬	쉬							
쉴	쉴							
쉽	쉽							
쉿	쉿							
슬	슬							
습	습							
시	시							
식	식							
신	신							

신	신								
실	실								
악	악								
안	안								
앉	앉								
않	않								
알	알								
앓	앓								
암	암								
압	압								
앗	앗								
앞	앞								

애	애							
액	액							
약	약							
양	양							
앝	앝							
앤	앤							
억	억							
언	언							
얼	얼							
얶	얶							
엄	엄							
업	업							

없	없							
엇	엇							
엎	엎							
에	에							
여	여							
역	역							
연	연							
열	열							
염	염							
엽	엽							
엿	엿							
영	영							

옆	옆							
예	예							
옛	옛							
오	오							
옥	옥							
온	온							
올	올							
옮	옮							
옴	옴							
옵	옵							
옷	옷							
와	와							

완	완							
왈	왈							
왕	왕							
왜	왜							
외	외							
왼	왼							
요	요							
욕	욕							
용	용							
욱	욱							
운	운							
울	울							

움	움							
웃	웃							
워	워							
원	원							
월	월							
윗	윗							
유	유							
육	육							
윤	윤							
율	율							
은	은							
을	을							

음	음							
응	응							
의	의							
익	익							
인	인							
일	일							
읽	읽							
잃	잃							
임	임							
입	입							
잇	잇							
잊	잊							

작	작							
잔	잔							
잠	잠							
잘	잘							
잠	잠							
잡	잡							
잣	잣							
잤	잤							
장	장							
재	재							
쟁	쟁							
저	저							

적	적								
전	전								
절	절								
젊	젊								
점	점								
접	접								
정	정								
제	제								
젖	젖								
조	조								
족	족								
존	존								

좀	좀							
종	종							
좌	좌							
죄	죄							
죗	죗							
주	주							
죽	죽							
준	준							
줄	줄							
줌	줌							
줍	줍							
줏	줏							

중	중							
쥐	쥐							
즉	즉							
즐	즐							
즘	즘							
즙	즙							
증	증							
지	지							
직	직							
진	진							
질	질							
짐	짐							

집	집								
짓	짓								
징	징								
짚	짚								
착	착								
찬	찬								
창	창								
찰	찰								
참	참								
창	창								
찾	찾								
처	처								

척	척							
천	천							
철	철							
첨	첨							
첩	첩							
첫	첫							
청	청							
쳧	쳧							
초	초							
촉	촉							
촌	촌							
총	총							

최	최							
추	추							
축	축							
춘	춘							
출	출							
춤	춤							
춥	춥							
충	충							
취	취							
측	측							
층	층							
치	치							

칙	칙							
친	친							
취	취							
칠	칠							
침	침							
칩	칩							
칸	칸							
칼	칼							
컨	컨							
컬	컬							
컵	컵							
코	코							

콘	콘							
콜	콜							
콤	콤							
콩	콩							
쿤	쿤							
쿨	쿨							
쿵	쿵							
큰	큰							
클	클							
큼	큼							
탁	탁							
탄	탄							

탈	탈							
닭	닭							
탐	탐							
탓	탓							
탕	탕							
태	태							
택	택							
턱	턱							
턴	턴							
털	털							
텃	텃							
테	테							

텐	텐							
텔	텔							
토	토							
톡	톡							
톤	톤							
톱	톱							
퇴	퇴							
투	투							
툭	툭							
툰	툰							
툴	툴							
튀	튀							

튄	튄								
트	트								
특	특								
튼	튼								
틀	틀								
틈	틈								
티	티								
틱	틱								
틴	틴								
팁	팁								
팍	팍								
판	판								

팔	팔							
팜	팜							
팜	팜							
팝	팝							
팟	팟							
팡	팡							
패	패							
팩	팩							
팬	팬							
팰	팰							
팽	팽							
퍼	퍼							

퍽	퍽							
펄	펄							
펑	펑							
펜	펜							
펏	펏							
편	편							
펼	펼							
폄	폄							
평	평							
폐	폐							
포	포							
폭	폭							

폰	폰							
폴	폴							
폼	폼							
퐁	퐁							
표	표							
푸	푸							
푹	푹							
푼	푼							
풀	풀							
품	품							
풋	풋							
풍	풍							

프	프								
픈	픈								
플	플								
픔	픔								
피	피								
픽	픽								
핀	핀								
필	필								
핌	핌								
학	학								
한	한								
할	할								

핥	핥							
핫	핫							
항	항							
해	해							
핵	핵							
핸	핸							
햄	햄							
햇	햇							
행	행							
허	허							
헌	헌							
현	현							

혈	혈							
협	협							
형	형							
혜	혜							
호	호							
혹	혹							
혼	혼							
홀	홀							
홈	홈							
홍	홍							
화	화							
확	확							

환	환							
활	활							
홧	홧							
황	황							
회	회							
획	획							
횡	횡							
효	효							
훈	훈							
훅	훅							
훤	훤							
훨	훨							

휨	휨								
휩	휩								
휴	휴								
흉	흉								
흔	흔								
흘	흘								
흙	흙								
흠	흠								
흥	흥								
흩	흩								
희	희								
흰	흰								

시험에 자주 나오는 두 글자 단어

가	치	가	치						
간	주	간	주						
개	념	개	념						
검	사	검	사						
검	증	검	증						
검	토	검	토						
결	과	결	과						
결	론	결	론						
계	약	계	약						
과	정	과	정						
관	점	관	점						
구	분	구	분						

구	상	구	상							
구	체	구	체							
권	리	권	리							
권	위	권	위							
권	한	권	한							
근	거	근	거							
금	전	금	전							
기	간	기	간							
기	준	기	준							
기	한	기	한							
논	거	논	거							
논	리	논	리							

논	문	논	문						
논	의	논	의						
논	점	논	점						
능	력	능	력						
담	보	담	보						
대	리	대	리						
대	상	대	상						
대	응	대	응						
등	기	등	기						
명	확	명	확						
목	적	목	적						
무	효	무	효						

물	건	물	건						
방	식	방	식						
반	론	반	론						
반	증	반	증						
발	효	발	효						
방	향	방	향						
법	리	법	리						
법	인	법	인						
본	인	본	인						
부	재	부	재						
분	석	분	석						
불	능	불	능						

비	교	비	교						
사	단	사	단						
사	례	사	례						
사	실	사	실						
사	안	사	안						
사	원	사	원						
사	유	사	유						
사	인	사	인						
사	적	사	적						
사	정	사	정						
사	후	사	후						
설	명	설	명						

소 유	소 유					
수 단	수 단					
시 사	시 사					
신 의	신 의					
실 례	실 례					
실 종	실 종					
실 효	실 효					
악 의	악 의					
연 대	연 대					
영 향	영 향					
요 건	요 건					
요 소	요 소					

요	약	요	약								
요	인	요	인								
요	지	요	지								
원	고	원	고								
원	인	원	인								
원	칙	원	칙								
의	무	의	무								
의	미	의	미								
의	사	의	사								
인	격	인	격								
인	도	인	도								
일	반	일	반								

임	의	임	의						
임	치	임	치						
입	장	입	장						
자	격	자	격						
자	연	자	연						
장	해	장	해						
전	제	전	제						
절	차	절	차						
점	유	점	유						
정	리	정	리						
정	의	정	의						
제	한	제	한						

조	건	조	건						
조	항	조	항						
종	료	종	료						
주	소	주	소						
주	장	주	장						
증	인	증	인						
지	분	지	분						
지	상	지	상						
진	의	진	의						
채	권	채	권						
채	무	채	무						
청	구	청	구						

취 소	취 소						
취 지	취 지						
타 인	타 인						
태 아	태 아						
통 정	통 정						
특 성	특 성						
판 결	판 결						
판 단	판 단						
판 례	판 례						
표 의	표 의						
피 고	피 고						
한 계	한 계						

합 유	합 유						
합 의	합 의						
해 석	해 석						
해 설	해 설						
해 제	해 제						
해 지	해 지						
행 위	행 위						
현 명	현 명						
협 의	협 의						
형 성	형 성						
효 과	효 과						
효 력	효 력						

시험에 자주 나오는 세 글자 단어

가	주	소	가	주	소	가	주	소

가	치	관	가	치	관	가	치	관

가	해	자	가	해	자	가	해	자

감	정	인	감	정	인	감	정	인

개	념	도	개	념	도	개	념	도

거	소	지	거	소	지	거	소	지

결과물 결과물 결과물

공무원 공무원 공무원

권리자 권리자 권리자

근로자 근로자 근로자

기간제 기간제 기간제

기본권 기본권 기본권

| 기 | 여 | 도 | 기 | 여 | 도 | 기 | 여 | 도 |

| 기 | 준 | 점 | 기 | 준 | 점 | 기 | 준 | 점 |

| 납 | 세 | 자 | 납 | 세 | 자 | 납 | 세 | 자 |

| 납 | 입 | 자 | 납 | 입 | 자 | 납 | 입 | 자 |

| 내 | 국 | 인 | 내 | 국 | 인 | 내 | 국 | 인 |

| 당 | 사 | 자 | 당 | 사 | 자 | 당 | 사 | 자 |

담보권 담보권 담보권

대리권 대리권 대리권

대리인 대리인 대리인

대법원 대법원 대법원

대상자 대상자 대상자

등기권 등기권 등기권

등	기	부	등	기	부	등	기	부

문	제	점	문	제	점	문	제	점

민	간	인	민	간	인	민	간	인

배	상	금	배	상	금	배	상	금

법	률	관	법	률	관	법	률	관

법	률	상	법	률	상	법	률	상

법	인	격	법	인	격	법	인	격

법	인	세	법	인	세	법	인	세

법	제	도	법	제	도	법	제	도

변	호	인	변	호	인	변	호	인

부	동	산	부	동	산	부	동	산

불	가	분	불	가	분	불	가	분

사	용	자	사	용	자	사	용	자

상	속	인	상	속	인	상	속	인

상	장	법	상	장	법	상	장	법

소	규	모	소	규	모	소	규	모

소	유	권	소	유	권	소	유	권

손	해	액	손	해	액	손	해	액

| 수 | 행 | 자 | 수 | 행 | 자 | 수 | 행 | 자 |

| 승 | 계 | 인 | 승 | 계 | 인 | 승 | 계 | 인 |

| 신 | 청 | 인 | 신 | 청 | 인 | 신 | 청 | 인 |

| 어 | 린 | 이 | 어 | 린 | 이 | 어 | 린 | 이 |

| 영 | 향 | 력 | 영 | 향 | 력 | 영 | 향 | 력 |

| 위 | 원 | 장 | 위 | 원 | 장 | 위 | 원 | 장 |

이용자 이용자 이용자

의결권 의결권 의결권

의견서 의견서 의견서

의무자 의무자 의무자

전제부 전제부 전제부

조건부 조건부 조건부

| 증 | 거 | 물 | 증 | 거 | 물 | 증 | 거 | 물 |

| 지 | 분 | 권 | 지 | 분 | 권 | 지 | 분 | 권 |

| 지 | 상 | 권 | 지 | 상 | 권 | 지 | 상 | 권 |

| 참 | 고 | 인 | 참 | 고 | 인 | 참 | 고 | 인 |

| 채 | 권 | 자 | 채 | 권 | 자 | 채 | 권 | 자 |

| 채 | 무 | 자 | 채 | 무 | 자 | 채 | 무 | 자 |

청	구	권	청	구	권	청	구	권

청	구	인	청	구	인	청	구	인

취	득	시	취	득	시	취	득	시

판	결	문	판	결	문	판	결	문

판	단	력	판	단	력	판	단	력

피	고	인	피	고	인	피	고	인

피	의	자	피	의	자	피	의	자

피	해	자	피	해	자	피	해	자

하	도	급	하	도	급	하	도	급

해	지	권	해	지	권	해	지	권

행	정	청	행	정	청	행	정	청

형	평	성	형	평	성	형	평	성

시험에 자주 나오는 네 글자 단어

가	치	판	단	가	치	판	단	가	치	판	단

강	행	규	정	강	행	규	정	강	행	규	정

개	념	정	의	개	념	정	의	개	념	정	의

개	선	방	안	개	선	방	안	개	선	방	안

결	론	도	출	결	론	도	출	결	론	도	출

경	과	보	고	경	과	보	고	경	과	보	고

| 권 | 리 | 능 | 력 | 권 | 리 | 능 | 력 | 권 | 리 | 능 | 력 |

| 권 | 리 | 변 | 동 | 권 | 리 | 변 | 동 | 권 | 리 | 변 | 동 |

| 권 | 리 | 의 | 무 | 권 | 리 | 의 | 무 | 권 | 리 | 의 | 무 |

| 기 | 본 | 원 | 칙 | 기 | 본 | 원 | 칙 | 기 | 본 | 원 | 칙 |

| 기 | 입 | 등 | 기 | 기 | 입 | 등 | 기 | 기 | 입 | 등 | 기 |

| 기 | 초 | 자 | 료 | 기 | 초 | 자 | 료 | 기 | 초 | 자 | 료 |

| 내부거래 | 내부거래 | 내부거래 |

| 논리구조 | 논리구조 | 논리구조 |

| 담보물권 | 담보물권 | 담보물권 |

| 대리행위 | 대리행위 | 대리행위 |

| 대안제시 | 대안제시 | 대안제시 |

| 대응방식 | 대응방식 | 대응방식 |

동시이행 동시이행 동시이행

무권대리 무권대리 무권대리

물권법정 물권법정 물권법정

법률관계 법률관계 법률관계

법률요건 법률요건 법률요건

법률행위 법률행위 법률행위

법률효과 법률효과 법률효과

법인등기 법인등기 법인등기

법정과실 법정과실 법정과실

법정추인 법정추인 법정추인

부당이득 부당이득 부당이득

불법행위 불법행위 불법행위

| 비 | 교 | 분 | 석 | 비 | 교 | 분 | 석 | 비 | 교 | 분 | 석 |

| 사 | 단 | 법 | 인 | 사 | 단 | 법 | 인 | 사 | 단 | 법 | 인 |

| 사 | 례 | 분 | 석 | 사 | 례 | 분 | 석 | 사 | 례 | 분 | 석 |

| 사 | 실 | 관 | 계 | 사 | 실 | 관 | 계 | 사 | 실 | 관 | 계 |

| 사 | 정 | 변 | 경 | 사 | 정 | 변 | 경 | 사 | 정 | 변 | 경 |

| 사 | 후 | 행 | 위 | 사 | 후 | 행 | 위 | 사 | 후 | 행 | 위 |

선의취득	선의취득	선의취득
설명자료	설명자료	설명자료
소멸사유	소멸사유	소멸사유
소멸시효	소멸시효	소멸시효
소명자료	소명자료	소명자료
수단방법	수단방법	수단방법

| 신 | 의 | 성 | 실 | 신 | 의 | 성 | 실 | 신 | 의 | 성 | 실 |

| 실 | 무 | 경 | 험 | 실 | 무 | 경 | 험 | 실 | 무 | 경 | 험 |

| 실 | 종 | 선 | 고 | 실 | 종 | 선 | 고 | 실 | 종 | 선 | 고 |

| 연 | 대 | 보 | 증 | 연 | 대 | 보 | 증 | 연 | 대 | 보 | 증 |

| 연 | 대 | 책 | 임 | 연 | 대 | 책 | 임 | 연 | 대 | 책 | 임 |

| 영 | 향 | 요 | 인 | 영 | 향 | 요 | 인 | 영 | 향 | 요 | 인 |

| 요 | 건 | 충 | 족 | 요 | 건 | 충 | 족 | 요 | 건 | 충 | 족 |

| 원 | 시 | 취 | 득 | 원 | 시 | 취 | 득 | 원 | 시 | 취 | 득 |

| 원 | 인 | 분 | 석 | 원 | 인 | 분 | 석 | 원 | 인 | 분 | 석 |

| 의 | 사 | 능 | 력 | 의 | 사 | 능 | 력 | 의 | 사 | 능 | 력 |

| 의 | 사 | 표 | 시 | 의 | 사 | 표 | 시 | 의 | 사 | 표 | 시 |

| 임 | 의 | 규 | 정 | 임 | 의 | 규 | 정 | 임 | 의 | 규 | 정 |

| 임의대리 | 임의대리 | 임의대리 |

| 자격상실 | 자격상실 | 자격상실 |

| 자주점유 | 자주점유 | 자주점유 |

| 적용범위 | 적용범위 | 적용범위 |

| 전제조건 | 전제조건 | 전제조건 |

| 절차진행 | 절차진행 | 절차진행 |

정책제안 정책제안 정책제안

제한능력 제한능력 제한능력

채권양도 채권양도 채권양도

책임소재 책임소재 책임소재

청구권자 청구권자 청구권자

취득시효 취득시효 취득시효

| 타인의사 | 타인의사 | 타인의사 |

| 통상임금 | 통상임금 | 통상임금 |

| 통정허위 | 통정허위 | 통정허위 |

| 퇴직의사 | 퇴직의사 | 퇴직의사 |

| 특별권리 | 특별권리 | 특별권리 |

| 특별승인 | 특별승인 | 특별승인 |

판결확정 판결확정 판결확정

판례분석 판례분석 판례분석

피신청인 피신청인 피신청인

피청구인 피청구인 피청구인

합동행위 합동행위 합동행위

해결방안 해결방안 해결방안

| 해 | 제 | 조 | 건 | 해 | 제 | 조 | 건 | 해 | 제 | 조 | 건 |

| 해 | 지 | 조 | 건 | 해 | 지 | 조 | 건 | 해 | 지 | 조 | 건 |

| 행 | 위 | 능 | 력 | 행 | 위 | 능 | 력 | 행 | 위 | 능 | 력 |

| 행 | 위 | 요 | 건 | 행 | 위 | 요 | 건 | 행 | 위 | 요 | 건 |

| 형 | 사 | 소 | 송 | 형 | 사 | 소 | 송 | 형 | 사 | 소 | 송 |

| 효 | 력 | 규 | 정 | 효 | 력 | 규 | 정 | 효 | 력 | 규 | 정 |

시험에 자주 나오는 표현

관	하	여	관	하	여	관	하	여

근	거	로	근	거	로	근	거	로

기	반	해	기	반	해	기	반	해

대	해	서	대	해	서	대	해	서

따	르	면	따	르	면	따	르	면

반	하	여	반	하	여	반	하	여

비	해	서	비	해	서	비	해	서

의	견	상	의	견	상	의	견	상

의	하	면	의	하	면	의	하	면

토	대	로	토	대	로	토	대	로

한	해	서	한	해	서	한	해	서

해	석	상	해	석	상	해	석	상

2부

✦ ✦ ✦

실전 연습

이제까지 단어 쓰기로 익힌 실력을 실제 시험 답안에 맞게 다듬어야 한다. 실제 시험과 동일한 형식, 분량으로 핵심 문장과 문단을 반복 연습한다. 이때 단순 반복이 아닌, 논리 구조, 판독성, 시간 단축 등 목표를 갖고 연습해 보자.

실전 연습

'실전 연습'은 합격을 위한 마무리 단계이자, 그동안 익힌 이론을 점검하고 쌓아 온 실력을 실제 시험에서 발휘할 수 있도록 다듬는 과정이다. 지금부터는 단순한 글씨 연습이 아니라, 실제 시험 답안과 동일한 형식으로 핵심 문장과 문단을 직접 써 보는 과정에 집중한다.

각종 전문직 2차시험에서 좋은 점수를 받으려면, 단순한 글씨 연습만으로는 부족하다. 실제 시험에서 자주 쓰이는 문장과 문단을 얼마나 명확하고 논리적으로, 그리고 읽기 쉽게 쓸 수 있느냐가 핵심이다.

여기 마련한 예시는 각종 국가시험 답안의 쟁점, 논리 구조, 그리고 판례 등을 포함하고 있다. 실제 시험장과 최대한 유사한 조건에서 연습한다면 실전 감각과 분량 조절 능력을 동시에 기를 수 있을 것이다.

처음에는 다소 느리고 버벅일 수도 있지만, 반복할수록 속도와 흐름, 그리고 논리의 전달력이 확실히 발전하는 것을 경험하게 될 것이다. 예시 문장을 손으로 직접 옮겨 쓰면서 문장의 구조와 논점 전개 방식을 익히고 논리력과 필기력을 동시에 훈련할 수 있다. 이 과정에서 자신의 약점이나 자주 실수하는 글자, 강조해야 할 핵심 표현도 스스로 발견할 수 있다.

무엇보다 실제 답안의 간격을 유지하며 반복하는 훈련은 실전에서의 자신감을 극대화해 준다. 한 페이지를 가득 채우는 과정 그 자체가 합격을 향한 묵직한 한 걸음이 될 것이다. 실전과 똑같이 손을 움직이며, 자신만의 최적화된 답안지를 만드는 연습을 이어 가기 바란다.

단순 반복에 머물기보다는 논리 구조, 판독성, 시간 단축 등 매회 다른 목표를 세우는 것이 좋다. 그리고 반드시 지난 연습을 한 번씩 다시 읽고 점검하는 것을 잊지 말자. 이 단계를 통해 글씨와 논리, 두 가지 실전 무기를 모두 갖추게 될 것이다.

주민 갑이 A시장 을을 상대로 제련소의 오염물질 배출에 관하여 개선

명령을 요구할 수 있는지, 즉 행정개입청구권의 인정 여부가 쟁점이 된다.

만약 을이 이에 대하여 아무런 조치를 취하지 않는다면 이는 부작위에

해당하며, 그 경우 행정심판법상 의무이행심판을 청구할 수 있다.

아울러 이러한 절차에서 긴급한 필요성이 인정된다면 임시처분의

신청 역시 가능하다.

신청 역시 가능하다.

을이 갑의 시보임용을 취소함에 따라 정규임용까지 취소한 사안은 행정

을이 갑의 시보임용을 취소함에 따라 정규임용까지 취소한 사안은 행정

절차법 제3조 제2항 제9호가 규정하는 적용 제외 사유에 해당하지

절차법 제3조 제2항 제9호가 규정하는 적용 제외 사유에 해당하지

않는다. 또한 동법 제21조 제4항 및 제22조 제4항이 정한 사전통지나

않는다. 또한 동법 제21조 제4항 및 제22조 제4항이 정한 사전통지나

의견제출의 예외 사유에도 포함되지 않는다. 따라서 정규임용취소는

의견제출의 예외 사유에도 포함되지 않는다. 따라서 정규임용취소는

당연히 사전통지와 의견제출의 기회를 부여하여야 하는 불이익처분임

당연히 사전통지와 의견제출의 기회를 부여하여야 하는 불이익처분임

에도, 이러한 절차가 생략된 이상 절차상 하자가 존재하여 위법하다.

에도, 이러한 절차가 생략된 이상 절차상 하자가 존재하여 위법하다.

대외적 공정성이란 종업원들이 자신들의 임금을 외부조직의 유사한 직무를

대외적 공정성이란 종업원들이 자신들의 임금을 외부조직의 유사한 직무를

수행하는 사람들이 받는 임금액과 비교해서 거의 동일한 수준의 임금을

수행하는 사람들이 받는 임금액과 비교해서 거의 동일한 수준의 임금을

받는다고 지각할 때의 공정성을 뜻한다. 이러한 대외적 공정성의 의미를

받는다고 지각할 때의 공정성을 뜻한다. 이러한 대외적 공정성의 의미를

토대로, 임금수준관리의 주요한 특성을 요약하면 다음과 같다.

토대로, 임금수준관리의 주요한 특성을 요약하면 다음과 같다.

취소할 수 있는 법률행위는 취소가 있기 전까지는 확정되지 않은 유효

취소할 수 있는 법률행위는 취소가 있기 전까지는 확정되지 않은 유효

상태, 즉 유동적 유효로 본다. 이에 대하여 취소권자가 추인을 하면 민법

상태, 즉 유동적 유효로 본다. 이에 대하여 취소권자가 추인을 하면 민법

제143조에 따라 그 행위는 확정적으로 유효하게 되고, 반대로 취소가

제143조에 따라 그 행위는 확정적으로 유효하게 되고, 반대로 취소가

이루어지면 그 법률행위는 소급하여 무효로 된다.

이루어지면 그 법률행위는 소급하여 무효로 된다.

임대차보증금은 차임 연체, 목적물의 멸실·훼손 등 임대차에서 발생할

임대차보증금은 차임 연체, 목적물의 멸실·훼손 등 임대차에서 발생할

수 있는 임차인의 모든 채무를 담보한다. 따라서 차임의 지급이

수 있는 임차인의 모든 채무를 담보한다. 따라서 차임의 지급이

지체되는 경우, 임대차관계가 종료되면 그 보증금에서 충당된다고 보는

지체되는 경우, 임대차관계가 종료되면 그 보증금에서 충당된다고 보는

것이 당사자의 통상적 의사이다.

것이 당사자의 통상적 의사이다.

갑이 제기한 정보공개거부처분 취소소송에서 인용판결이 확정되면,

갑이 제기한 정보공개거부처분 취소소송에서 인용판결이 확정되면,

법무부장관은 그 판결의 취지에 따라 정보를 공개할 기속을 받는다.

법무부장관은 그 판결의 취지에 따라 정보를 공개할 기속을 받는다.

그럼에도 불구하고 법무부장관이 동 조항 제4호를 근거로 다시 거부처분을

그럼에도 불구하고 법무부장관이 동 조항 제4호를 근거로 다시 거부처분을

한 것은 기속력의 주관적 범위에 포함된다. 아울러 이 거부사유는

한 것은 기속력의 주관적 범위에 포함된다. 아울러 이 거부사유는

처분 시 이미 존재하였던 것이므로, 이는 기속력이 미치는 시간적

처분 시 이미 존재하였던 것이므로, 이는 기속력이 미치는 시간적

범위에도 해당한다.

범위에도 해당한다.

예비결정은 후속 최종결정의 기초로 기능하므로 그 자체로 행정행위의

예비결정은 후속 최종결정의 기초로 기능하므로 그 자체로 행정행위의

성격을 지니며, 후속 행정결정을 구속한다. 따라서 정당한 사유 없이

성격을 지니며, 후속 행정결정을 구속한다. 따라서 정당한 사유 없이

예비결정의 내용에 반하여 후행처분을 하는 경우, 그 후행처분은

예비결정의 내용에 반하여 후행처분을 하는 경우, 그 후행처분은

위법한 행위가 된다.

위법한 행위가 된다.

판례는 법률요건 해당성의 판단까지 재량에 포함되는 것으로 보아 구별

판례는 법률요건 해당성의 판단까지 재량에 포함되는 것으로 보아 구별

부정설을 따른다. 한편 구별긍정설은 효과재량설을 전제로 하여 판단

부정설을 따른다. 한편 구별긍정설은 효과재량설을 전제로 하여 판단

영역을 인정하는 견해에 불과하다. 종합설의 관점에서도 구별부정설이

영역을 인정하는 견해에 불과하다. 종합설의 관점에서도 구별부정설이

합리적이라 할 수 있다. 나아가 재량행위의 유형은 입법자가 어떠한

합리적이라 할 수 있다. 나아가 재량행위의 유형은 입법자가 어떠한

방식과 범위로 수권하였는지에 따라 달라질 뿐이며, 재량과 판단

방식과 범위로 수권하였는지에 따라 달라질 뿐이며, 재량과 판단

여지를 구별하더라도 법적 효과나 사법심사의 범위에서는 차이가 존재

여지를 구별하더라도 법적 효과나 사법심사의 범위에서는 차이가 존재

하지 않는다. 따라서 통설과 판례가 취하는 바와 같이 구별부정설을

하지 않는다. 따라서 통설과 판례가 취하는 바와 같이 구별부정설을

따르는 것이 타당하다.

따르는 것이 타당하다.

제품별 사업부제는 특정 제품 분야에 관하여 전 세계 시장을 대상으로

제품별 사업부제는 특정 제품 분야에 관하여 전 세계 시장을 대상으로

책임을 지는 구조이다. 이 제도는 세계 각지에서 이루어지는 다양한

책임을 지는 구조이다. 이 제도는 세계 각지에서 이루어지는 다양한

사업과 제품을 통합적으로 관리하는 데 효과적이며, 특히 표준화된

사업과 제품을 통합적으로 관리하는 데 효과적이며, 특히 표준화된

제품을 글로벌하게 판매하는 경우에 유리하다. 그러나 일부 국가

제품을 글로벌하게 판매하는 경우에 유리하다. 그러나 일부 국가

에서는 제품 사업부 간의 협력이 부족하고 경쟁이 심화되어 조직 운영이

에서는 제품 사업부 간의 협력이 부족하고 경쟁이 심화되어 조직 운영이

원활히 이루어지지 않는다는 한계가 존재한다.

원활히 이루어지지 않는다는 한계가 존재한다.

노사 동수로 징계위원회를 구성하는 경우, 사용자가 임의로 노측 징계

노사 동수로 징계위원회를 구성하는 경우, 사용자가 임의로 노측 징계

위원을 선임할 수 있는지가 문제된다. 판례는 취업규칙에 징계위원의

위원을 선임할 수 있는지가 문제된다. 판례는 취업규칙에 징계위원의

자격이나 선임 절차가 명시되어 있지 않더라도, 노측 위원이 근로자를

자격이나 선임 절차가 명시되어 있지 않더라도, 노측 위원이 근로자를

대표하거나 의견을 대변해 온 특별한 사정이 없는 한, 근로자의 의사를

대표하거나 의견을 대변해 온 특별한 사정이 없는 한, 근로자의 의사를

반영하지 않고 사용자가 일방적으로 노측 위원을 위촉할 수는 없다고 본다.

반영하지 않고 사용자가 일방적으로 노측 위원을 위촉할 수는 없다고 본다.

따라서 근로자 측의 참여 절차가 보장되지 않은 상태에서 사용자가

따라서 근로자 측의 참여 절차가 보장되지 않은 상태에서 사용자가

독자적으로 위원을 지정한 것은 허용되지 않는다.

독자적으로 위원을 지정한 것은 허용되지 않는다.

병은 전출 이후에도 이전에 B회사에서 담당하던 전문적 업무를 계속

병은 전출 이후에도 이전에 B회사에서 담당하던 전문적 업무를 계속

수행한 것으로 보이며, 실질적으로는 단 한 차례 전출이 있었던 것으로

수행한 것으로 보이며, 실질적으로는 단 한 차례 전출이 있었던 것으로

판단된다. 또한 B회사로 복귀한 이후에도 동일한 플랫폼 업무를 담당

판단된다. 또한 B회사로 복귀한 이후에도 동일한 플랫폼 업무를 담당

하였음이 확인된다. 따라서 병이 파견근로자보호 등에 관한 법률상 직접

하였음이 확인된다. 따라서 병이 파견근로자보호 등에 관한 법률상 직접

고용의무의 취지인 파견근로의 상용화·장기화 또는 고용불안 상황에

고용의무의 취지인 파견근로의 상용화·장기화 또는 고용불안 상황에

처해 있다고 보기는 어렵다.

처해 있다고 보기는 어렵다.

쟁의행위는 단체교섭을 촉진하기 위한 수단이므로, 쟁의기간 중이거나

쟁의행위는 단체교섭을 촉진하기 위한 수단이므로, 쟁의기간 중이거나

직장폐쇄가 진행되고 있다는 사정만으로는 사용자가 단체교섭을 거부할

직장폐쇄가 진행되고 있다는 사정만으로는 사용자가 단체교섭을 거부할

정당한 이유가 되지 않는다. 그러나 당사자들이 성실히 교섭을 지속

정당한 이유가 되지 않는다. 그러나 당사자들이 성실히 교섭을 지속

하였음에도 불구하고 교섭이 교착 상태에 이르러 더 이상 진전을 기대

하였음에도 불구하고 교섭이 교착 상태에 이르러 더 이상 진전을 기대

하기 어려운 경우라면, 사용자가 교섭을 거부하더라도 그 거부는 정당한

하기 어려운 경우라면, 사용자가 교섭을 거부하더라도 그 거부는 정당한

이유가 있는 것으로 인정된다.

이유가 있는 것으로 인정된다.

C노동조합 규약 제10조는 노동조합법 제29조 제1항에 위반되지 않는다.

C노동조합 규약 제10조는 노동조합법 제29조 제1항에 위반되지 않는다.

따라서 갑은 총회를 통해 교섭안을 확정하고, 단체교섭 과정에서

따라서 갑은 총회를 통해 교섭안을 확정하고, 단체교섭 과정에서

조합원들의 의견을 수렴하여야 한다. 그럼에도 불구하고 이러한 절차를

조합원들의 의견을 수렴하여야 한다. 그럼에도 불구하고 이러한 절차를

거치지 않은 채 기본급의 1퍼센트 삭감과 같이 중요한 근로조건에 영향을

거치지 않은 채 기본급의 1퍼센트 삭감과 같이 중요한 근로조건에 영향을

미치는 단체협약을 체결한 것은, 조합원들이 의사형성 과정에 참여할

미치는 단체협약을 체결한 것은, 조합원들이 의사형성 과정에 참여할

권리를 침해한 것으로서 위법하다.

권리를 침해한 것으로서 위법하다.

위 법리에 따르면 전소 확정판결에서 피고 을이 원고 갑에 대하여

위 법리에 따르면 전소 확정판결에서 피고 을이 원고 갑에 대하여

가지는 반대채권은 5천만 원 범위 내에서 상계로 소멸하였다는 점에

가지는 반대채권은 5천만 원 범위 내에서 상계로 소멸하였다는 점에

기판력이 발생한다. 따라서 후소는 동일한 법률관계에 관한 것으로서

기판력이 발생한다. 따라서 후소는 동일한 법률관계에 관한 것으로서

승소자가 다시 제기한 소에 해당한다. 결국 이 부분 소는 기판력에 저촉

승소자가 다시 제기한 소에 해당한다. 결국 이 부분 소는 기판력에 저촉

되므로, 판례의 입장에 의하면 본안 판단에 나아갈 필요 없이 소의

되므로, 판례의 입장에 의하면 본안 판단에 나아갈 필요 없이 소의

이익이 없어 각하되어야 한다.

이익이 없어 각하되어야 한다.

본국으로의 이사 지원이나 본사 내 역할 부여만으로 귀환 과정이 종결

본국으로의 이사 지원이나 본사 내 역할 부여만으로 귀환 과정이 종결

되는 것은 아니다. 귀임관리의 본질은 본국 생활에 원활히 적응할 수

있도록 다양한 지원을 제공하는 데 있다. 특히 파견 기간 동안 본국의

조직구조, 담당자, 직무가 변동되었을 수 있으므로, 기업은 인적 네트워크

형성과 같은 다방면의 지원을 통해 파견 기간 중 축적된 사회적 자본이

단절되지 않도록 관리하는 것이 중요하다.

A시가 수립·공고한 이주대책의 대상자 범위가 법령에 부합한다고 전제

A시가 수립·공고한 이주대책의 대상자 범위가 법령에 부합한다고 전제

할 때, 그 요건은 다음과 같이 한정된다. 즉, 택지개발예정지구 지정의

할 때, 그 요건은 다음과 같이 한정된다. 즉, 택지개발예정지구 지정의

공람공고일 1년 전부터 보상계약 체결일 또는 수용재결일에 이르기까지

공람공고일 1년 전부터 보상계약 체결일 또는 수용재결일에 이르기까지

계속하여 피사업지구 내의 주택을 소유하고 거주한 자로서, 해당 주택에

계속하여 피사업지구 내의 주택을 소유하고 거주한 자로서, 해당 주택에

관하여 A시로부터 보상을 받고 이주하는 자가 이에 해당한다.

관하여 A시로부터 보상을 받고 이주하는 자가 이에 해당한다.

행정소송법 제12조는 취소소송의 제기 요건으로 법률상 이익을 요구하고

있다. 이에 대해 국민의 권리구제와 법원의 사법부담 사이의 균형을

고려할 때, 법률상 보호이익설을 따르는 것이 타당하다. 다만 법률상 보호

되는 이익의 범위를 정함에 있어 근거법규의 적용 영역을 넓히려는 견해

또한 참고할 가치가 있다.

부당이득제도는 경제적 형평을 고려하여 이해를 조정하기 위한 제도

부당이득제도는 경제적 형평을 고려하여 이해를 조정하기 위한 제도

로서, 행정소송법 제10조가 항고소송에 부당이득반환청구 등 관련 청구의

로서, 행정소송법 제10조가 항고소송에 부당이득반환청구 등 관련 청구의

병합을 허용하고 있는 점은 이를 사권적 청구로 전제하고 있다. 따라서

병합을 허용하고 있는 점은 이를 사권적 청구로 전제하고 있다. 따라서

사권설을 따르는 것이 타당하다. 아울러 이와 유사한 사안에서 판례

사권설을 따르는 것이 타당하다. 아울러 이와 유사한 사안에서 판례

역시 부당이득반환을 민사소송의 문제로 다루고 있다.

역시 부당이득반환을 민사소송의 문제로 다루고 있다.

고용보험법 제62조 제1항은 직업안정기관의 장이 거짓이나 그 밖의

부정한 방법으로 구직급여를 받은 자에 대하여, 고용노동부령이 정하는

절차에 따라 지급받은 구직급여의 전부 또는 일부의 반환을 명할 수

있다고 규정한다. 또한 같은 조 제2항은 위와 같이 반환을 명하는 경우,

직업안정기관의 장은 부정한 방법으로 수급한 구직급여액의 2배 이내에

해당하는 금액을 추가로 징수할 수 있음을 정하고 있다.

해당하는 금액을 추가로 징수할 수 있음을 정하고 있다.

판례는 원고가 고의나 중대한 과실 없이 행정소송으로 제기해야 할

판례는 원고가 고의나 중대한 과실 없이 행정소송으로 제기해야 할

사건을 잘못하여 민사소송으로 제기한 경우, 수소법원이 동시에 그 사건에

사건을 잘못하여 민사소송으로 제기한 경우, 수소법원이 동시에 그 사건에

대한 행정소송 관할을 가진 때에는 행정소송으로 전환하여 심리·판단

대한 행정소송 관할을 가진 때에는 행정소송으로 전환하여 심리·판단

하여야 한다고 본다. 만약 해당 법원이 행정소송 관할을 갖고 있지 않더

하여야 한다고 본다. 만약 해당 법원이 행정소송 관할을 갖고 있지 않더

라도, 그 소송이 행정소송으로 제기되었다면 부적법하게 될 사정이 없는

이상, 단순히 부적법 각하할 것이 아니라 관할 법원으로 이송하는 것이

타당하다는 입장이다.

3부

✦ ✦ ✦

조문 필사

모든 민사법의 근간인 민법총칙의 조문을 필사하면서 법적 사고와 답안 작성 능력을 동시에 키워 보자.

조문 필사

민법은 모든 법의 기초가 되는 '모법(母法)'이며, 그중에서도 제1편 총칙은 민법 전체의 뼈대이자 출발점이다. 총칙을 제대로 이해하고 손으로 직접 써 보는 과정은, 단순한 암기를 넘어 법적 사고의 기초를 다지고, 민법의 논리와 체계를 몸에 익히는 데 큰 의미가 있다.

주요 전문직 국가시험에서 민법총칙은 단순히 한 과목이 아니라, 이후 물권·채권·친족·상속 등 모든 민사법 영역의 해석과 적용에 영향을 미치는 핵심이다. 실제로 민법총칙을 깊이 있게 이해한 수험생일수록, 복잡한 사례 문제에서도 흔들리지 않는 논리와 해석력을 보여 준다.

민법총칙의 필사 연습은 단순히 조문을 외우는 것을 넘어서, 그 안에 담긴 법리와 개념을 깊이 이해하는 데 집중해야 한다. 필사를 하면서 각 조문이 실제 사례에서 어떻게 적용되는지, 그 법리적 의미가 무엇인지 곱씹는 습관이 중요하다. 또한, 익숙하지 않은 법률 용어와 문장 형식을 손으로 직접 써 보면서 자연스럽게 몸에 익히면, 시험장에서 복잡한 문제도 논리적으로 풀 수 있는 자신감과 능력이 생긴다. 그런 면에서 필사는 '읽고 이해하는 것'과 '쓰고 표현하는 것'을 동시에 강화하는 강력한 학습 도구이다.

민법 제1편 총칙의 주요 조문과 핵심 문장을 직접 필사하며 조문 구조와 용어에 익숙해지고 법적 문장력과 논리적 사고를 동시에 훈련하며 악필 교정과 실전 답안 작성 능력 향상의 효과를 얻을 수 있다. 손으로 한 글자 한 글자 써 내려 가는 필사 연습은, 민법의 기본 원리와 조문을 자연스럽게 체화하는 가장 확실한 방법이다. 이 과정을 통해, 단순한 글씨 연습을 넘어 법적 사고와 실전 답안 작성의 토대를 다지는 시간을 가져 보자.

조문 필사 학습법 핵심

- **손글씨로 익히는 법적 언어**: 손으로 직접 쓰면서 법률 문장에 익숙해지기
- **꾸준한 반복 학습의 힘**: 매일 조금씩, 꾸준히 하는 필사가 실력 완성의 열쇠
- **글씨 교정과 답안 작성 능력 동시 강화**: 필사는 실전 감각을 함께 높인다

만 20세로 성년이 된다.

만 20세로 성년이 된다. 만 20세로 성년이 된다.

만 20세로 성년이 된다. 만 20세로 성년이 된다.

만 20세로 성년이 된다. 만 20세로 성년이 된다.

만 20세로 성년이 된다. 만 20세로 성년이 된다.

금치산자의 법률행위는 취소할 수 있다.

금치산자의 법률행위는 취소할 수 있다.

금치산자의 법률행위는 취소할 수 있다.

금치산자의 법률행위는 취소할 수 있다.

금치산자의 법률행위는 취소할 수 있다.

주소를 알 수 없으면 거소를 주소로 본다.

주소를 알 수 없으면 거소를 주소로 본다.

주소를 알 수 없으면 거소를 주소로 본다.

주소를 알 수 없으면 거소를 주소로 본다.

주소를 알 수 없으면 거소를 주소로 본다.

사람은 생존한 동안 권리와 의무의 주체가 된다.

사람은 생존한 동안 권리와 의무의 주체가 된다.

사람은 생존한 동안 권리와 의무의 주체가 된다.

사람은 생존한 동안 권리와 의무의 주체가 된다.

사람은 생존한 동안 권리와 의무의 주체가 된다.

친권자는 자를 보호하고 교양할 권리·의무가 있다.

친권자는 자를 보호하고 교양할 권리·의무가 있다.

친권자는 자를 보호하고 교양할 권리·의무가 있다.

친권자는 자를 보호하고 교양할 권리·의무가 있다.

친권자는 자를 보호하고 교양할 권리·의무가 있다.

법인의 주소는 그 주된 사무소의 소재지에 있는 것으로 한다.

법인의 주소는 그 주된 사무소의 소재지에 있는 것으로 한다.

법인의 주소는 그 주된 사무소의 소재지에 있는 것으로 한다.

법인의 주소는 그 주된 사무소의 소재지에 있는 것으로 한다.

법인의 주소는 그 주된 사무소의 소재지에 있는 것으로 한다.

2인 이상이 동일한 위난으로 사망한 경우에는 동시에 사망한 것으로 추정한다.

이사의 대표권에 대한 제한은 등기하지 아니하면 제3자에게 대항하지 못한다.

전세권자는 목적물의 현상을 유지하고 그 통상의 관리에 속한 수선을 하여야 한다.

전세권자는 목적물의 현상을 유지하고 그 통상의 관리에 속한 수선을 하여야 한다.

전세권자는 목적물의 현상을 유지하고 그 통상의 관리에 속한 수선을 하여야 한다.

전세권자는 목적물의 현상을 유지하고 그 통상의 관리에 속한 수선을 하여야 한다.

전세권자는 목적물의 현상을 유지하고 그 통상의 관리에 속한 수선을 하여야 한다.

양자가 될 자가 15세 미만인 때에는 법정대리인이 그에

갈음하여 입양의 승낙을 한다.

양자가 될 자가 15세 미만인 때에는 법정대리인이 그에

갈음하여 입양의 승낙을 한다.

양자가 될 자가 15세 미만인 때에는 법정대리인이 그에

갈음하여 입양의 승낙을 한다.

양자가 될 자가 15세 미만인 때에는 법정대리인이 그에

갈음하여 입양의 승낙을 한다.

양자가 될 자가 15세 미만인 때에는 법정대리인이 그에

갈음하여 입양의 승낙을 한다.

민사에 관하여 법률에 규정이 없으면 관습법에 의하고 관습법이 없으면 조리에 의한다.

민사에 관하여 법률에 규정이 없으면 관습법에 의하고 관습법이 없으면 조리에 의한다.

민사에 관하여 법률에 규정이 없으면 관습법에 의하고 관습법이 없으면 조리에 의한다.

민사에 관하여 법률에 규정이 없으면 관습법에 의하고 관습법이 없으면 조리에 의한다.

민사에 관하여 법률에 규정이 없으면 관습법에 의하고 관습법이 없으면 조리에 의한다.

상속인이 한정승인을 한 때에는 피상속인에 대한 상속인의

재산상 권리·의무는 소멸하지 아니한다.

상속인이 한정승인을 한 때에는 피상속인에 대한 상속인의

재산상 권리·의무는 소멸하지 아니한다.

상속인이 한정승인을 한 때에는 피상속인에 대한 상속인의

재산상 권리·의무는 소멸하지 아니한다.

상속인이 한정승인을 한 때에는 피상속인에 대한 상속인의

재산상 권리·의무는 소멸하지 아니한다.

상속인이 한정승인을 한 때에는 피상속인에 대한 상속인의

재산상 권리·의무는 소멸하지 아니한다.

임대차 기간의 약정이 있는 경우에도 당사자 일방 또는 쌍방이 그 기간 내에 해지할 권리를 보류한 때에는 전조의 규정을 준용한다.

임대차 기간의 약정이 있는 경우에도 당사자 일방 또는 쌍방이

그 기간 내에 해지할 권리를 보류한 때에는 전조의 규정을 준용한다.

임대차 기간의 약정이 있는 경우에도 당사자 일방 또는 쌍방이

그 기간 내에 해지할 권리를 보류한 때에는 전조의 규정을 준용한다.

임대차 기간의 약정이 있는 경우에도 당사자 일방 또는 쌍방이

그 기간 내에 해지할 권리를 보류한 때에는 전조의 규정을 준용한다.

임대차 기간의 약정이 있는 경우에도 당사자 일방 또는 쌍방이

그 기간 내에 해지할 권리를 보류한 때에는 전조의 규정을 준용한다.

학술, 종교, 자선, 기예, 사교, 기타 영리 아닌 사업을 목적으로 하는
사단 또는 재단은 주무관청의 허가를 받아 이를 법인으로 할 수 있다.

학술, 종교, 자선, 기예, 사교, 기타 영리 아닌 사업을 목적으로 하는
사단 또는 재단은 주무관청의 허가를 받아 이를 법인으로 할 수 있다.
학술, 종교, 자선, 기예, 사교, 기타 영리 아닌 사업을 목적으로 하는
사단 또는 재단은 주무관청의 허가를 받아 이를 법인으로 할 수 있다.
학술, 종교, 자선, 기예, 사교, 기타 영리 아닌 사업을 목적으로 하는
사단 또는 재단은 주무관청의 허가를 받아 이를 법인으로 할 수 있다.
학술, 종교, 자선, 기예, 사교, 기타 영리 아닌 사업을 목적으로 하는
사단 또는 재단은 주무관청의 허가를 받아 이를 법인으로 할 수 있다.

청산 중 법인의 재산이 그 채무를 완제하기에 부족한 것이 분명하게 된 때에는 청산인은 지체 없이 파산선고를 신청하고 이를 공고하여야 한다.

청산 중 법인의 재산이 그 채무를 완제하기에 부족한 것이 분명하게 된 때에는 청산인은 지체 없이 파산선고를 신청하고 이를 공고하여야 한다.

청산 중 법인의 재산이 그 채무를 완제하기에 부족한 것이 분명하게 된 때에는 청산인은 지체 없이 파산선고를 신청하고 이를 공고하여야 한다.

법인이 목적 이외의 사업을 하거나 설립 허가의 조건에

위반하거나 기타 공익을 해하는 행위를 했을 때는 주무관청은

그 허가를 취소할 수 있다.

법인이 목적 이외의 사업을 하거나 설립 허가의 조건에

위반하거나 기타 공익을 해하는 행위를 했을 때는 주무관청은

그 허가를 취소할 수 있다.

법인이 목적 이외의 사업을 하거나 설립 허가의 조건에

위반하거나 기타 공익을 해하는 행위를 했을 때는 주무관청은

그 허가를 취소할 수 있다.

친족회가 결의할 수 없거나 결의하지 아니하는 때에는 친족회의 소집을 청구할 수 있는 자는 그 결의에 가름할 재판을 법원에 청구할 수 있다.

친족회가 결의할 수 없거나 결의하지 아니하는 때에는 친족회의 소집을 청구할 수 있는 자는 그 결의에 가름할 재판을 법원에 청구할 수 있다.

친족회가 결의할 수 없거나 결의하지 아니하는 때에는 친족회의 소집을 청구할 수 있는 자는 그 결의에 가름할 재판을 법원에 청구할 수 있다.

재단법인의 설립자가 그 명칭, 사무소 소재지 또는 이사임면의 방법을 정하지 아니하고 사망한 때에는 이해관계인 또는 검사의 청구에 의하여 법원이 이를 정한다.

재단법인의 설립자가 그 명칭, 사무소 소재지 또는 이사임면의 방법을 정하지 아니하고 사망한 때에는 이해관계인 또는 검사의 청구에 의하여 법원이 이를 정한다.

재단법인의 설립자가 그 명칭, 사무소 소재지 또는 이사임면의 방법을 정하지 아니하고 사망한 때에는 이해관계인 또는 검사의 청구에 의하여 법원이 이를 정한다.

종래의 주소나 거소를 떠난 자가 재산관리인을 정하지 아니한 때에는 법원은 이해 관계인이나 검사의 청구에 의하여 재산 관리에 관하여 필요한 처분을 명하여야 한다.

종래의 주소나 거소를 떠난 자가 재산관리인을 정하지 아니한 때에는 법원은 이해 관계인이나 검사의 청구에 의하여 재산 관리에 관하여 필요한 처분을 명하여야 한다.

종래의 주소나 거소를 떠난 자가 재산관리인을 정하지 아니한 때에는 법원은 이해 관계인이나 검사의 청구에 의하여 재산 관리에 관하여 필요한 처분을 명하여야 한다.

지정 또는 선임에 의한 유언집행자에 그 임무를 해태하거나

적당하지 아니한 사유가 있는 때에는 법원은 상속인 기타

이해관계인의 청구에 의하여 유언집행자를 해임할 수 있다.

지정 또는 선임에 의한 유언집행자에 그 임무를 해태하거나

적당하지 아니한 사유가 있는 때에는 법원은 상속인 기타

이해관계인의 청구에 의하여 유언집행자를 해임할 수 있다.

지정 또는 선임에 의한 유언집행자에 그 임무를 해태하거나

적당하지 아니한 사유가 있는 때에는 법원은 상속인 기타

이해관계인의 청구에 의하여 유언집행자를 해임할 수 있다.

불가분채권이나 불가분채무가 가분채권 또는 가분채무로 변경된 때에는 각 채권자는 자기 부분만의 이행을 청구할 권리가 있고 각 채무자는 자기 부담부분만을 이행할 의무가 있다.

불가분채권이나 불가분채무가 가분채권 또는 가분채무로 변경된 때에는 각 채권자는 자기 부분만의 이행을 청구할 권리가 있고 각 채무자는 자기 부담부분만을 이행할 의무가 있다.

불가분채권이나 불가분채무가 가분채권 또는 가분채무로 변경된 때에는 각 채권자는 자기 부분만의 이행을 청구할 권리가 있고 각 채무자는 자기 부담부분만을 이행할 의무가 있다.

부록

새로운 시작을 앞두고

이 책의 마지막 장을 넘기며, 직접 써 내려 간 한 글자 한 글자가 곧 합격을 향한 발걸음이었음을 기억해 주길 바란다. 논리와 자신감이 담긴 글씨는 채점관에게 또렷하게 전달될 것이다.

1. 꾸준히 실천하는 글씨 유지·관리법

연습을 멈추지 않고, 평소 답안지에 썼던 크기와 간격, 획의 힘을 일상 필기에도 적용하면 실전에서도 자연스럽게 좋은 글씨를 유지할 수 있다. 특히, 시험 직전에는 평소 연습했던 필기구와 답안지 양식으로 마지막 점검을 해 보는 것이 효과적이다.

2. 시험 당일 컨디션 관리와 손 피로 줄이기

전날에는 충분한 수면을 취하고, 평소보다 1시간 일찍 눕는 것이 좋다. 시험장에서는 손을 쥐었다 펴기, 어깨 돌리기 등 간단한 스트레칭으로 긴장을 풀고, 손의 피로를 덜어 주도록 하자. 시험 중간중간 손을 가볍게 털어 주거나, 손목을 돌려 주는 것도 도움이 된다.

3. 빠르게 쓰면서도 가독성을 유지하는 노하우

획을 한 번에 힘 있게 긋고, 자음은 또렷하게, 모음은 균형 있게 쓰는 습관에서 시작된다. 줄 간격을 꽉 채우되, 글씨가 뭉개지지 않도록 일정한 속도와 힘을 유지해야 한다. 무엇보다, "읽기 쉬운 글씨가 곧 점수"라는 마음가짐으로 마지막까지 연습을 이어 가면 실전에서도 자신감 있게 답안을 완성할 수 있다.

합격생의 필체로 기억되는 그날까지, 이 책이 든든한 동반자가 되어 줄 것이다. 포기하지 않고 쌓아 온 노력과 자신만의 글씨가 반드시 합격으로 이어지길 기원한다.

실전 답안지 양식

1쪽

2쪽

3쪽

30일 완성 고시체 글씨 연습
악필 교정과 고득점 답안 작성 훈련하기

초판 발행일 2025년 10월 15일
펴낸곳 현익미디어
발행인 현호영
지은이 현익미디어 수험연구소
편 집 이유리
디자인 강지연, d.purple
주 소 서울특별시 마포구 월드컵북로58길 10, 더팬빌딩 9층
팩 스 070.8224.4322
ISBN 979-11-94793-34-2 (13360)

- 출판사의 허가 없이 본 도서를 편집 또는 재구성할 수 없습니다.
- 잘못 만든 책은 구입하신 서점에서 바꿔 드립니다.

현익미디어는 골드스미스 출판그룹의 전문직 도서 전문 브랜드입니다.
좋은 아이디어와 제안이 있으시면 출판을 통해 가치를 나누시길 바랍니다.
hyunik@doowonart.com